सुनहरी

गरिमा

Made with ♥ on the Notion Press Platform
www.notionpress.com

यह काव्य - संग्रह उन पाठकों को समर्पित है

जो शब्दों के पीछे छिपी भावनाओं को पढ़ते हैं,

हर पंक्ति में अपने जज़्बात पहचानते हैं और

कविता को अपने दिल में जीवित रखते हैं

आपकी संवेदनशील दृष्टि ही इस रचना को संपूर्ण बनाती है--

आपके मन की गहराई और आत्मीय प्रेम तक पहुंचने की यह छोटी-सी कोशिश है |

धन्यवाद

क्रम-सूची

क्रम-सूची

लाल-ताग

1. शिव-शक्ति

काले-सफ़ेद सी है दुनिया सारी
नापे-तोले, छाँटे-बाँटे
आधा-तेरा, आधा-मेरा
जैसी सारी बातें
:
जहाँ हो सच और झूठ
फ़कत दो बातें
उस संसार का मैं
एक रंग सूफ़ियाना
:
मैं मेरी राग में मगन दीवाना
तेरी ताल क्या जानू
घुंघरू बांध पैरों में
नटवर तुझे बना दूं
:
तू थिरके यूं के कोई तौर है
और मैं जग की कोई रीत ना मानू
मैं सुर छेड़ बिरहा के प्रिय
फिर प्रेम पंख फहराना न जानू
:
तू जाने है भेद सारे
मैं भेद कोई पहचानूं ना
तू महलों में रहना चाहेगी
और मैं घाटों पर रात बिताने वाला

:

तुझपे ज़ेवर सजते हैं
मैं भस्म रगड़ श्रृंगार करूँ
जब अलग-अलग से सफर है दोनों
फिर क्यों मैं तुझमें मिल रहा

:

भूल बैठी है तू तो मुझे
कैसे तुझे बिसरे जनम याद दिलाऊं
तू सोचे मैं साथी पल भर का
फिर कैसे तुझसे बीती बातें बतलाऊं

:

खेल नहीं है बिछड़न कोई
मैं तन्हाई का काला साया
जीवन बीता तुझ बिन ऐसे
के सारी आस भूल आया

:

तू फल किसी तप का
मैं ताप विनाश सा
ना मांगू मैं तो प्रेम तेरा
विरह का दुख बड़ा

:

बार-बार जो पुकारे रूह तेरी
मैं जनम-जनम लौट आया
कैसा तेरा मोह पिया
मैं बैराग छोड़ आया

:

तू जो जाए दूर बार-बार
मैं खुद में डूब जाऊं
आँख मूंद के मैं दुनिया से

सच का श्राप छुपाऊं
:

तड़पन जो होए सो होए
मैं तड़प से ना घबराया
असली दुख मैं साँझा करूँ क्या?
वो था, मुझसे जुदा तेरी छाया
:

डर हर पहर के क्या जो
अब तू लौट मेरे पास ना आई
आये भी जो जन्म लेके
पर अगर ना मेरी याद आयी
:

सब जाने तप तेरा पिये
पर मैं उनसे बतलाऊं क्या
हर सांस में भर एक नाम तेरा
तुझमें ही रमता रहा सदा
:

इस शव की तू शाक्त पिया
इससे गहरी कोई बात है क्या
चल भी जाये दुनिया मेरे बिन
तुझ बिन मैं चल पाऊंगा क्या?
:

अलग-अलग दो काया तेरी-मेरी
फिर भी साँसें एक डोरी बाँधे
धड़कन निकले तुझ से जो
फ़िर धड़के है मुझमें आके
:

कैसा भाग्य रच गई
तू इस वैरागी संग पिया

तेरी सुध-बुध में खोया रहा
जो खुद की कभी ना सुध लिया
:

तेरा आंचल, तेरी पायल
मैं इनमें कबसे डूब गया
कठोर चर्म की काया का मन
तुझ पर कैसे डोल गया
:

तू आई तो सांस लाई
तुझसे सजीव मैं होने लगा
खंडित थे जैसे बिन तेरे
अक्षय आभास होने लगा
:

रह जाऊं मैं तुझमें ही संगिनी
बन ऐसे तू मेरी अर्धांगिनी
ना फ़िर भेद रहे मध्य कोई
जो मध्य में समाय, दो एक से ही
:

इस शव की तू शाक्त इडा
कैसे तुम बिन हम रह पाये
करदे प्रकाशित हृदय तू मेरा
फिर से तेरे शिव कहलायें |

2. तेरा रंग

रंग चढ़ता है चढ़ने दे
तेरा होके मुझे
खुद से मिलने दे
रोका क्यों है इस कदर
ख्वाहिशों को अपनी
कुछ आरज़ू है महकी सी
इन्हे पंख लगाकर उड़ने दे
तेरा होकर मुझे
खुद से मिलने दे
:

कर रोशन तू अँधेरे
तेरी आँखों के काजल से
बुला ले बदरा कारे
ज़ुल्फ़ों में भर हवाएँ
दे ताल तू मृदंग की
तेरे कदमों की थाप से
झूमे फिर जो तू
तो थिरके ये जग संग तेरे
:

चल डगर-डगर, ना ठहर-ठहर
हर शहर-शहर, तू मचल-मचल
कभी नदियों के आंचल
तो कभी रेत के साए
होश-मदहोश तू दोनों भुलाये

समेट चुनरी में बादल
और मुट्ठी में बारिश
तितलियों संग उड़ चल
हर पात-पात पर
:

हो जाये जो अँधेरे ग़हरे अगर
तू जुगनुओं संग रौशन हो
एक शाम गुज़ार ले
भटकते हैं चल इन
जानी-पहचानी गलियों में
अंजानों से मिलते हैं
फिर एक बार हम
अपना किरदार सौंप मुझे
मिल ले खुद से एक बार फिर
तू बाहें फ़ैला कर
:

ढूँढ मुझमें खुद को जब-तक तुझे
खुद से मोहब्बत ना हो जाये
जितना तेरा ख्याल बसता है मुझमें
तेरी बेखयाली भी उस हद पार
ना हो जाये
कर खुद से पहचान पुरानी
फिर से मुझे मिल
कर खुद से इश्क बेपनाह
मुझे भी इश्क किताब पढ़ा
:

रंगना चाहूँ तेरे रंग जैसे
तू होली मैं फाल्गुन माह
ना छूटे फिर रंग तेरा गुलाबी

डुबकी भी लाख लगाये
मेरे कोरे मन को जब-तक
ना रंग तेरे चढ़ जाए
ऐसे क्यों ना रोम-रोम
तू मेरे रम जाये
:

कर रहगुज़र मुझमें सफ़र
तो हम पहुंचे अपने घर
परदेस ना भाये अब और मुझे
तेरी गलियों बिन
ना अब और बसर
बढ़ने दे तेरे कदम
अब थोड़ा और इस तरफ
ना अब और रोक इन्हें
चड़ने दे रंग, एक तेरा मुझपर
:

मत भटका रे तू भटका
मत भटका अब और कहीं
तेरी-मेरी मंजिलों को
रास्ते अब दो ही सही
एक आता है तुझसे और
एक जाता तुझमें ही|

3. अंबर सी आशना

तू दूर फलक सी
मैं समन्दर सा गहरा
तू आशना बुलंद पहाड़ों की
और मैं साथी रेत का
:

हर शब तेरे लिए
एक रंग नया लाती है
तुझे कहां खबर के हर सहर में
तू कितनी संवर जाती है
:

मैं समंदर सा बेसब्र
लेहरों में उलझा
बस तेरी बारिशों को
तरसा करता हूं
:

आलम वो भी
क्या खूब होता है
जब तू मुझे ओस की
ओढ़नी से ढक जाती है
:

तू आफताब से रोशन कभी
तो कभी सितारों में पिरोई रहती है
और मैं दीवानों सा बेबस
चांद से तेरी ही तारीफ किया करता हूं

:

बेसब्र मैं समन्दर सा
उठती-गिरती लहरों सी मेरी अठखेली
तू है अजल आसमां जैसी
सात रंगों से तू खेली

:

सूरज से तेरी वो बातें
मुझे पास बुलाने की
मेरी ये ख्वाहिश तुझ तक
रूप बदल कर आने की

:

बरसना मेहरबान होकर
यूं धूप में भी तेरा
और खुशगवारी फिर तेरी
अर्श पर रंगोली बनाने की

:

यूं तो थाम रक्खा है
सब कुछ तूने तेरे आंचल में
फिर मुझपर क्यों तू
गाज गिराती है

:

पर मेरी सारी हसरतें
तू उस पल पूरी कर जाती है
जब छलकती है तू
बेबाक सी मदहोश होकर

:

जिस पल में तू मुझमें
घुलने को आती है
अपना सारा अंबर छोड़ फिर

मेरी धरा तू बन जाती है।

मेरी धरा तू बन जाती है।

4. रांझे

हीर की तलाश में
रुखी सी प्यास में
ना देस पराए जा रांझे!
ना जाना रे
ना जाना रे, रांझे!
:

हीर की आस में
यूं ना हाल बेहाल करना
नैनों में ना आस भरना
ओ रांझे!
:

इश्क की तलाश में
रूह के लिबास में
दिल की फिराक में
ना आना रे रांझे!
:

ना बना रे बसेरा
जाने हो कब सवेरा
वादे कहाँ चाँद के
दिन की भी ना राह तकना
:

रूठे है रब ना कोई
ना रूठी तेरी हीर वो
बोले हैं आंखें ज्यादा

जिनमें लिखि पीड हो
:
आँखें तक के पढ़ लेना
हीर की आँखें पढ़ लेना रांझे
पर देस पराए ना जाना रे
ना जाना रे रांझे!
:

मिल ना सके जो कभी
वो बिछड़े भी कहाँ हैं
तेरे हिस्से का इश्क रांझे
हिस्सों में कहाँ है
:

ना पीर को हीर बनने दे रांझे
अपनी हीर सा सब्र रख ले रांझे
खुद में ही रांझा देखे, हीर तेरी
खुद को ही कहती रांझा है
:

हीर तुझसे ऐ रांझे!
खुद की बातें करती है
हर रोज़ तेरे ख्याल से
बनती संवरती है
:

जाने ना जाने वो कहाँ
उसका रांझा है
फिर भी रोज़ दुआ में
उसका नाम लेती है
:

हर रोज़ रांझे से
मिलने की दुआ करती है

हर रोज़ दुआओं को
रांझे तक भेजती है
:

कहती है हीर,
रांझे, ना औरों की बातें वाजिब
उनकी बातों पे
ना यूं गौर फरमा
:

हक है तुझे भी रांझे
खुद को हीर का बता
तेरी हीर तेरे अंदर रांझे
जब चाहे प्यार जता
:

हीर-हीर की धुनी में रांझे
तू खुद हीर बनता जा
ना हीर की तलाश में
अब और कहीं भी जा
:

हीर रूही अन्दर तेरे
ना बाहर मुड़ता जा
देख इबादत दे रही
रब की गवाही, रांझे!
अब ना और नज़र फिरा
:

ना जा रे, ना जा रे
ना जा रे
मेरे रांझे!

5. आधे-अधूरे

आधे-अधूरे हम लगे तेरे बिन
तेरे बिन, बिन तेरे
क्यों पूरे हम नहीं
क्यों तेरे संग नहीं
लम्हें क्यों लगे जैसे
कोरे-कोरे हो रहे
:

है आरज़ू ये बेबाक
चाहतें भी बेहिसाब
नज़दीक एक बस तेरे
कोई दूसरा न ख्वाब
क्यों ये जन्नतें भी गंवारा नहीं
बिन तेरे क्यों गुजारा नहीं
:

चांदनी रातें रास आने लगी
सूरज से क्यों लाज आने लगी
कोई रास ना हो जिसमें
कैसा ये अपना साथ है
दूर तुझसे ये जिस्म
फिर आहट क्यों पास है
:

तू है या तू है नहीं
कभी बताया भी तो कर
इश्क है या है खफा

जताया भी तो कर
दरमियाँ हैं ये फासले
या ये फ़ैसले हैं तेरे
थोडी आस कभी
बंधाया भी तो कर
:

लगे क्यों ना मुझे के
दिल में तेरे भी यही आग है
जो मेरे सीने में तेरे लिए जल रही
लगे क्यों मुझे के मानो
रुसवा हैं बरसों से दो दिल
ना कुछ कहने सी बात है
ना कुछ सुनने सी बात है
:

खामोशी मारेगी तेरी
ये खलीपन मारेगा
जो है तेरे-मेरे दरमियां
तेरा रुतबा मारेगा
देख ना भटके तू
कभी फ़िर आस में
ना ऐसा हो तू ढूंढे
फिर मुझे हर बात में
:

पर मुलाक़ात का वक्त हो
उस दिन आख़िरी
जिस दिन तुझे पहली दफा
अधूरा एहसास हो
माना इश्क है तुझे
इत्मिनान से बहुत यूं तो

पर क्या अगर जो हमसे
ये इंतज़ार फिर ना हो|

रुत तेरी-मेरी

6. रुत बैरी

आये जो ना तू आज
तो लेजा ये बरखा भी संग ही
सब बैरन बन तरसाए हैं
तरसाए पिया तू भी
:

भीग रही हैं डालियां
देख भीग रही धरती
नीर है कैसे फिर रूखा आज
कैसी इसमें आग लगी
:

तड़प रही हैं नदियाँ
उफान समंदर में भी
बहने को मानो निकल रहे संग
ना मिल रहे फिर भी
:

बेचैन करे कितना
देख तेरी ये कमी
खोयी-खोयी सी लागे पिया
रुत बैरी ये टीस सी
:

आज न माने बदरा बात कोई
ना आह सुनते कोई
गरज-गरज बस बरस रहे
तरस रहे खुद भी

:

ना रोक - ना टोक
ना काट कोई
बस हवाओं संग
पैगाम कई

:

सावन ना भा रहे पिया
ना भा रहा कुछ भी
भीगे है बस तन मेरा
जब मन को प्यास लगी

:

जो बुलाए ना तू पास मुझे
तो लेजा ये बूंदें भी
खोयी-खोयी सी लागे पिया
रुत बैरी ये टीस सी

:

छू रहे सावन दिल को
जैसे गले लगे तू ही
पूंछ रहे जैसे मुझे
क्यों पिया तेरे संग नहीं

:

ऐ रुत बैरी सावन की सुन
ना अब और बैर निभा
खोयी-खोयी ना लग मुझे
संग मेरा साजन ला

:

दुआ में मेरी तू रहे
जो सुनले पीर मेरी
ना कोरी हो आज बारिशें तेरी

ना रह जाऊं आज मैं कोरी

:

मोहे छेड़-छेड़ सब संग वारि
लिये शरारत की कहानी
देख बदन पर दे रहे
जाने कितनी निशानी

:

भीग यूं तन्हाई में
ना दिल की आस मिटाऊं
ले आए सावन तुझे करीब
संग तेरे भीगती जाऊं

:

तेरे मोह में बंधी हुई
बारिश सी पडती जाऊं
बरसूं प्रीत सी होके तेरी
दूरी ये बीच मिटाऊं

:

यूं ही याद करते तुझे पिया
मैं भोर से सांझ बिताऊं
इस सावनी रुत से मैं
रोज़ तेरी अर्ज़ी लगाऊँ

:

खोयी-खोयी सी लागे पिया
रुत बैरी ये टीस सी
सब बैरन बन तरसाए हैं
तरसाए पिया तू भी|

7. बरसात

देख तेरी खिड़की पर
बून्दों की बारात आ गई
सावन की पहली-पहली सी
बरसात आ गई
:
तुझे भिगाने को आज
बादल फिर से बरसे हैं
सुन हवाएँ कहती हैं
सावन कितने तरसे हैं
:
तू तन से भीगे है साहिबा
मैं मन-मन भीगा जाऊं
तू बून्दों पे वारी जाए
मैं तुझपे वारा जाऊं
:
देख हया से आज
गुलाबी ये आसमां है
काले-काले बदरा
हुये जो बेईमान हैं
:
तू भीग-भीग नाचे है
जैसे कोई जोगन
और मैं ख्याल में तेरे
जोगी बनता जाऊं

:

तू बून्दों पे वारी जाए
मैं तुझपे वारा जाऊं
तू बून्दों पे वारी जाए
मैं तुझपे वारा जाऊं

:

देख तेरी आँखों को
कैसे चूमती हैं बूंदें
जो हस-हस बाहें फैला
तू बुलाती है इन्हें

:

किसी इबादत सी रज़ा हो मानो
दोनो के दरमियान
तू हीर सी मोहब्बत है कसम से
तभी मैं रांझा बनता जाऊं

:

तू बून्दों पे वारी जाए
मैं तुझपे वारा जाऊं
तू बून्दों पे वारी जाए
मैं तुझपे वारा जाऊं

:

सांसों में भर लेती है
तू इन वादियों को जिस तरह
गहरी-गहरी सांसों संग
धड़कन हल्की होती जाये

:

मासूम हैं कितनी ये बातें
तेरी बारिशों से
मानो कोई अपने मेहबूब से

दिल का हाल सुनाये

:

तू बने आवाज रूहानी सी
तो मैं अंदाज़ बनता जाऊं
तू बून्दों पे वारी जाए
मैं तुझपे वारा जाऊं

:

शरारत से भर रहा है दिल मेरा
कहता है क्या देख बाँवरा
मौका भी है दस्तूर भी
और नूर करीब भी

:

सावन की पहली बरसात में
क्यों ना फ़िर वो पहली सी
एक रात आ जाये
जो कबसे कहना चाहे दिल
आज वो बात हो जाए

:

सुनती रहे तू इज़हार मेरा
और मैं इकरार करता जाऊं
तू बून्दों पे वारी जाए
मैं तुझपे वारा जाऊं
तू बून्दों पे वारी जाए
मैं तुझपे वारा जाऊं|

8. पहली बारिश

खुश रहने का बहाना ढूंढ लाया
तेरी हंसी पर रुख मोड़ आया
आज फिर निकला था
बन-संवर कर मिलने तुझे
फिर तुझे उलझा देख
उलझने छोड़ आया
:

दिल चाहे रह लूँ यूं पास तेरे
होकर गुजरे हर लम्हा तेरा मुझसे
जो भी गम हो तेरे
मेरी आँखों से बह जाने दे
एक बूंद भी गम की
उन आंखों में कभी न आने दे
:

इतना चाहा है
दूर-दूर से तुझे के
नज़दीक रहने वाले भी चाहेंगे क्या
चाहेंगे वो बहुत कुछ तुझसे
मगर इश्क मुझसा
कर पाएंगे क्या
:

यूं आज़ाद हूं मैं तेरे इश्क़ में
के पाबंदी अब कोई होगी क्या
रोकेगा क्या ये

ज़माना या लोग
रोक पाये अगर कुछ तो
बस एक तेरी हया
:

यूं रख लिया है बांध
तेरा दामन मेरे नसीब से कि
किस्मत कुछ और संजोयेगी क्या
रास आए जो रास्ते सब
तेरे दर को जाते हैं
कोई और गली अब
मुझे भाये भी क्या
:

जो तुझ तक ना आया
जाने वो लम्हा भी कैसा होगा
बेशक होके गुज़रा होगा
बहुत कुछ यूं तो
पर जो तेरी नजरों से
होकर न गुजरा
वो कैसे ही गुज़रा होगा
:

थाम ले यूं आंचल तेरा तू
के फ़िर आज आसमान
नूरानी हो ले
बारिशों का बन बहाना तू
के हवाले फिर तेरे
ये हवाएं हों ले
:

जो ना तेरे मनाने से बरसे
तो ये बादल बरसे भी क्या

जो भीगे ना तेरा
मन इस बारिश में
तो इस पहली बारिश में
कुछ भीगा भी क्या!

9. महकी-महकी

महकी-महकी सी लागे
ये रातें आजकल
बातें बुनती हूं इनमें
बहकी-बहकी आजकल
:

क्यूँ ना भाए ये सवेरे
उजाले लगते क्यों फीके
दिल क्यों ना चाहे गुजरे
चांद के ये पहर
:

नींद से जागूँ तो
मुस्कुराती मैं रहूँ
सब पूछे जो वजह तो
मैं बातें क्या बुनु
:

कैसे कह दूं के मिलते हैं
तुझसे सपनों में आजकल
दिल क्यों ना चाहे बीते
रात के ये सफर
:

ले गया तू तो
अज़ीज़ चैन भी मेरा
खामोशी से तेरी
मेरी ना बनती आजकल

:

चुप ना हो जाया कर
कुछ तो बताया कर
दिल क्यों चाहे सुनु
मैं तेरी ही बातें आजकल

:

देख जो तू रूठे भी तो
जल्दी मान जाया कर
ना हर बात में अपनी
यूं जिद चलाया कर

:

ना दूर होने को कहकर
यूँ मुँह फिराया कर
दूरी जैसे ज़ुल्मों का
ना मुझ पर साया कर

:

दिल ना चाहे के
अब तू जाये छोड़ कर
महकी-महकी सी लागे हैं
ये रातें अजकल

:

तुझ संग गुजरती है जो
वो कमाल लगती है
जिनमें तू ना हो
वो शामें आम लगती हैं

:

तेरे बिना दिल लगे
खाली सा मकान आजकल
बसे आके जो इनमें तू

तो हो रोशन ये शहर
:

ना चाहे दिल के अब तू
चाहे किसी और को इस कदर
महकी-महकी सी लागे हैं
ये रातें अजकल।

10. हर रुत जाएगी

कैसे सजेंगे हार
कैसे मोती लिपटेंगे
कैसे खनकेंगी चूड़ियां
कैसे गजरे महकेंगे
:

ना घूँघट सोहेगा
ना चुनरी भायेगी
तेरे बिन ओ साजना
हर रुत बस जाएगी
:

सुध-बुध बिसराएगी
ना होश में आएगी
तू ना होगा तो फिर
कैसे रात आएगी
:

बिन तेरे पड़ेंगे फ़ीके
ये सूरज, चांद, सवेरे
बिन तेरे ये सजनी
जोगन बन जाएगी
:

तेरे बिन ओ साजन
हर रुत बस जाएगी
तेरे बिन ओ साजन
ये रुत ना भायेगी

:

ना भायेंगी ये गलियां
ना चौखट भायेंगी
तकेगी अंखियां राह तेरी
ना कुछ और चाहेंगी

:

जो तू ना होगा सामने
किस से नज़र चुरायेंगी
लेंगी बलायें कैसे
कैसे नजर उतारेंगी

:

रहेगा मन मेरा प्यासा
ना तेरा साथ जो लाएगी
तेरे बिन ओ साजन
हर रुत बस जाएगी

:

आँखें बनायेंगी तस्वीर तेरी
आसूं उन्हें भिगाएंगे
रंग अपनी बिछड़न के
तुझपर नज़र आयेंगे

:

चिट्ठियाँ तो लिख दूं पर क्या
वो तुझे करीब लायेंगी
तेरे बिन ओ साजना
रुत बन बैरी आयेंगी

:

देजा कोई निशानी
कर इश्क़ पर मेहरबानी
रंग दे तेरे रंग मुझे

लगूं सावन सी धानी
:

ना पूछे ज़माना सवाल के
किसकी उम्मीद में मैं रहूं
अनकहा जवाब मेरा हो तू
ना रंग किसी और का चढ़ने दूं
:

जाते-जाते कहता जा
अपने हाल तो ज़रा
जाने कब फिर तुझसे
मिलने की सांझ आएगी
:

यादें भी ये तेरी
बेहिसाब याद आएंगी
तेरे बिन ओ साजन
हर रुत बस जाएगी।

झरोखे

11. ढल जाऊँ

ढलते हैं शाम-सवेरे
बाहों में तेरी जो ठहरे
:

सुन कहती हैं ये मेरी आँखें
तेरी ही हों सारी बातें
देखूं मैं तुझे अब गैरो में भी
ये कैसे नज़रों के धोखे हैं
कैसी ये अब चाहते हैं
तुझसे ही सब राहतें हैं
:

सूरज को चाहे डुबा दूं
खुद को मैं चंदा बना दूं
देखे मुझे तू आसमानों में
इतनी चांदनी बिखरा दूं
जो रोशन हो आंखों में तेरी
बन जाऊं वही सितारा
:

ढलते हैं शाम-सवेरे
बाहों में तेरी जो ठहरे
:

फीके हैं सारे के सारे
ये रंगीन से नज़ारे
तेरी ही महफ़िल हो हर तरफ़
बस तुझसे ही गलियाँ सजा दूं

दिखने लगे हैं बसेरे
मुड़ने जो तुझमें लगे हैं
:

ढलते हैं शाम-सवेरे
बाहों में तेरी जो ठहरे
:

तू बादलों सी छा जाए तो
मैं बूँदों सा बरस जाऊँ
क्यों सावन का है इंतज़ार तुझे
चल बिन सावन ही भीग जाए
पूरी हो हर तेरी चाहत
ऐसी फितरत में ढलने लगे हैं
:

ढलते हैं शाम-सवेरे
बाहों में तेरी जो ठहरे
:

देखता हूँ तुझे हर दिन
हर रात तुझमें बिताता हूँ
समुंदर से चुराता हूं तुझे
मोती की तरह और
मेरे साहिल पे सजाता हूँ
मेरे लफ़्ज़ों में छुपी हर दुआ बस यही
के अब हर मौसम में हो तू संग मेरे
:

ढलते हैं शाम-सवेरे
बाहों में तेरी जो ठहरे
:

तू बनके सुर सजा
मेरी आवाज को जरा

देखता हूं तुझमें क्या
है तुझे भी कहाँ पता
कहती हैं तुझसे कुछ ये धड़कने
इन्हें सुनने मैं जबसे लगा हूं
:

ढलते हैं शाम सवेरे
बाहों में तेरी जो ठहरे
:

लबों से बयान करूंगा और कितना ही
आँखों से ज़ाहिर होने लगा हूँ
दौर चलने लगा है जो तेरा दिल में
मैं खज़ाने सा लुटने लगा हूँ
तू सांझ सी खिलने लगी है जबसे
मैं तुझमें सूरज सा ढलने लगा हूं
:

ढलते हैं शाम सवेरे
बाहों में तेरी जो ठहरे|

12. धीरे-धीरे

धीरे-धीरे तेरी-मेरी
कहानियाँ जुड़ने लगी हैं
जाने यहाँ या किसी और जहाँ में
तेरी-मेरी बातें चलने लगीं हैं
:

अफ़वाह है कोई या है सच
के चाहतों में तेरी मैं शामिल हूं
सुना है खुदा और तेरे दरमियान
एक ख्याल मैं भी हूं
:

दो अलग रास्तों के
एक से हम हमसफ़र
दो अलग जिस्मों में रह रहे
एक से रहगुज़र
:

दो अलग कहानियों में
लिखे नाम तेरे-मेरे
देख साथ रह कर कितने
एक से लगने लगे हैं
:

तेरे चेहरे की खामोशी
मेरे दिल में समाने लगी है
मेरे दिल की मुस्कुराहट
तेरे चेहरे पे छाने लगी है

:

चुन लिया है जैसे तेरी
रोशनी ने मुझे खुद के लिए
कितने एक से लगने लगे हैं
हर अंदाज़ तेरे-मेरे

:

बिन कहे जो सुने
ऐसी आवाज बन गये
बिन तेरे जो ना गुजरे
ऐसी रात बन गये

:

रहने लगे मेरे लिए
किसी राज़ की तरह
सारे तेरे ख्वाब
मेरी कहानी बन गये

:

धीरे-धीरे ही सही
ये रास्ते मिलने लगे हैं
तू खुदा के करम सा लगे
जाने कब ये किस दुआ से हुआ

:

कहने को हम संग नहीं
मिली ना ये नजरें भी कभी
पर ना मैं तुझसे अंजान हूँ
ना तू मुझसे अंजान है

:

जाने कैसे किस रजा से
ये बातें बनने लगी हैं
धीरे-धीरे तेरी-मेरी

रूहें जुड़ने लगी हैं
:

करने लगे हैं गुफ्तगू
ये दिल आपस में
दायरों से आगे नज़रें
शोर करने लगी है
:

एक सांस तो एक धड़कन
कुछ ऐसे हो चले हैं
तेरे-मेरे सफ़र दुनिया के
पार होने लगे हैं
:

धीरे-धीरे कायनात भी
साथ होने लगी है
धीरे-धीरे दो कहानियां
हमें एक किरदार कहने लगी हैं
:

धीरे-धीरे तेरी-मेरी
राहें मिलने लगी हैं
धीरे-धीरे तेरी-मेरी
कहानियाँ जुड़ने लगी हैं।

13. एक

एक पीर थी

एक इलाज था

एक सीर थी

एक शिकार था

पीर पहुंचती थी दिल तक

इलाज जिस्म के होते थे

सीर थी खामोश बंदगी

शिकार पे खामोश हमले थे

:

एक कमान के दो तीर

एक दूसरे से ही घायल

एक ना समझे दूसरे की जगह

दूसरा पूछे क्या दोष मेरा

लहू दोनो पर ही एक सा

पर खुद को पाक बताएं

इल्ज़ाम दोनो पर एक से

पर दूसरे को मुजरिम ठहराए

:

एक खिलता गुलाब

दूसरा कांटों की चुभन

एक ख़ुशबू तो एक नफरत

एक को डर टूटने का

एक छूने से डरता था

एक-दूसरे के खातिर बने

मगर ख़िलाफ़ होते रहे
टूटते रहे गुलाब और
कांटे देखते रहे
:
एक बांसुरी सी
एक क़ासिब सा
बांसुरी को नाराज़गी जूठे होने की
क़ासिब को बांसुरी के
बांस में खोट दिखा
जब-जब बजे बांसुरी
क़ासिब लगे हारा
दोनों ने ना जाना कैसे साथ निभाना
एक बनावट की मारी
दूसरा कला का मारा
:
एक आवाज़ थाप की
एक थाप देने वाला
एक थाप को समझे चोट
एक ने ताल को ना जाना
एक समझती रही पीड़ा
एक शोर मचाता रहा
बिन जाने एक दूसरे को
राग बनाना चाहा
एक ने ख़ुद को ना पहचाना
दूसरे को कभी जनना ना आया
ना लगा सुर कोई, ना मौसिकी आई
इरादे थे बड़े मगर, नाकामी हाथ आई
:
एक रात सी और एक चाँद सा

रात को लगे घात चाँद का होना
चाँद को लगे रात होना ही ख़राब
पर ना भाए अंधेरी रात किसी को
ना चाँद जचे दिन में
चाँद वारा जाए अपनी चाँदनी पे
दिन का वैर न रैना सह पाए
बिन रात चाँद चमके कैसे
रात समझ न पाई
चाँद ना समझे के रात से ही
हसीन काया पाई
:

शिकायतों का रहा दौर
हर उस पहर जब दोनों साथ आए
ऐसा साथ जो ना कभी संग लाए
रहे अधूरे वो सदा जो मिल के पूरे थे
कैसे बुनते वो संग आखिर
जो धागों से उलझे रहे
वो रहे अधूरे मिलकर सदा
जो ख़ुद-सर हो ख़ुद को
काफ़ी आँकते रहे!

14. तू ही

मेरी सारी इबादत तू ही तो जाना
तू ही तो है अब, रब भी मेरा
ना देखूं, ना चाहूं, ना मांगू कुछ और
एक तू ही अब मेरी हर दुआ में रहेगा
:

दीदार एक तेरा मेरी नज़रों का सहारा
इनका सारा नूर एक तू ही तो जाना
तेरा नाम ही तो धड़कन भी रमती हैं
सांसों का अब कहां मुझमें ठिकाना
:

बस गलियों में तेरी ही अब दिल धड़केगा
अब तेरा बन के ही ये जिस्म जचेगा
अंजानी सी बातें हैं सब यहाँ
तू ही जाना-पहचाना रहेगा
:

तू था, तू है, तू ही रहेगा
:

तेरी बाहों में ही आके रहेंगे
तेरी ही बातों से बातें भी करेंगे
तक-तक तुझे बीतेगें ये शाम-सवेरे
फिर भी ना मेरा दिल ये भरेगा
:

ना चल पाऊं मैं बिन तेरे जाना
तेरी आहट से ही सिलसिला आगे बढ़ेगा

ना चल पाएगा ये अब और किसी राह पर
तेरे ही निशान पे पाबंद रहेगा
:
तू था, तू है, तू ही रहेगा
:
तेरी मुस्कुराहटें होंगी जिधर
मेरा सरमाया भी उधर ही दिखेगा
ना जाऊं मैं चौखट से तेरी ऐ जान
तुझसे ही अब हर ख्वाब सजेगा
:
तेरी गुलाबी-गुलाबी सी
बातें हैं जिया
रंग तुझ पर
नीला-नीला जचेगा
:
तू था, तू है, तू ही रहेगा
:
तेरे रंग में ना रंग जो जाऊं
तो ये साथ अधूरा लगेगा
रंग मिले जो दो तेरे-मेरे
तो सफर ये अपना पूरा लगेगा
:
तू बांध के रखले संग अपने मुझे
बिना इस डोर सब टूटा रहेगा
तेरी अदाओं पे मैं कबसे हूं वारा
भला किस दिन तू मुझसे ये जिक्र करेगा?
:
मैं बोले बिन अब
रहूं और कैसे

के इश्क ये हमेशा
पहले से ज्यादा रहेगा
:
तू था, तू है, तू ही रहेगा।

15. माहिरा

इस ख़ूबसूरत इश्क की मेरे
वो एक अज़ीज़ किताब है
जिसे पढ-पढ हर दफा
बन रहा हूँ मैं माहिरा!
माहिरा, माहिरा, माहिरा
:

वो धूप की बाहों में लिपटी
जैसैं सुनहरा लिबास कोई
उड़-उड़ उसके तन से जो
कभी लगता तो कभी हटता
:

देख-देख उसे यूं हर दफा
ये नज़र हो रही और पाक है
बन गई दुआ जिसे कर अदा
बन रहा हूँ मैं माहिरा!
माहिरा, माहिरा, माहिरा
:

माटी से गढ़ा उसे
या फिर ताग से बुना
सितारों से चुना उसे
या मोतियों सा ढका
:

जिस तरह भी रचा उसे तूने मेरे खुदा
क्यों उसमें ही देखूं मैं तेरी हर कला

यूँ ही नहीं उसकी कुर्बत में
बन रहा हूँ मैं माहिरा!
माहिरा, माहिरा, माहिरा
:

बना दे ऐ रब उसे तू मेरा
नाम से तेरे ही उसका सजदा करुंगा
जब-जब देखूं इश्क़ उसमें
दीदार तेरा किया करुंगा
याद में उसकी हर दफ़ा तुझे ही
याद किया करूँगा
:

माना माँग मैंने उसे
तुझसे बहुत कुछ है मांग लिया
पर अब और चाहेगा भी क्या वो
जो उन दो नैनों में सब कुछ है पा गया
:

ऐ रब! सुनले अब बस ये दुआ
बना दे उसे माही मेरा
सजता रहूँ उसके इश्क़ में और
बनता रहूँ मैं उसका माहिरा!
माहिरा, माहिरा, माहिरा।

❧❧❧

रुबानी

16. एक रूह

टूटा एक तारा
तो हम दो बने
दो बदन सांस एक
रूह एक सी लीये
:

जितना मैं तेरा
उतनी ही तू मेरी
आये तू जो आइना बन
तो छाया मैं तेरी
:

कैसे समझाऊं अब ये
के तुझसे अलग
हुआ मैं जब भी
रहा मैं कुछ भी नहीं
:

तड़प है ये कैसी
सिर्फ तेरे जिस्म की नहीं
जिस्म से पार जाए है एक दुनिया
एक दूसरे में हम दोनों की
:

तू जहां अपना कह दे मुझे
मेरा घर बस वहीं
वाजिब भी है क्या भला रहूं जुदा
जान से और सांसें भी रुके नहीं

:

तू तो जाने है हाल मेरा
तेरे दिल में धड़कन है मेरी
फ़िर कैसी ज़िद अब ज़माने की
कैसी ज़िद ज़माने में समाने की

:

ज़माने ने कब कोई ख़ैर बख़्शी
कब ढाल किसी इश्क की बनी
ज़माना तो देखता रहा तमाशा सदा
उसे कब थी भला किसिकी भी पड़ी

:

जो होके जुदा हम दो जिए
तो रब भी रुठेगा
यहां आना तेरा-मेरा
क्यों तेरे लिए इत्तेफाक है

:

ये बात है अपनी तकदीर की
कोई मज़ाक तो नहीं
ये बात है तेरे-मेरे इश्क की
किसी गैर की बात नहीं

:

होजा जरा संजीदा
के तू मेरे लिए खास है
तू माने या ना माने
ये तेरे जज्बात हैं

:

कब तक झूठ कह के खुदसे
दूर भागेंगे तेरे कदम
तेरी ही परछाई हूं मैं

तुझे लौट आना मेरे ही पास है|

17. दर-बदर

कुछ तो चाहता है दिल
काफ़िरों सी ये महफ़िल
:

ना रुकता इस ओर
ना चाहे कोई छोर
:

ना चले एक रास्ते पर
ना थमता कहीं पर
:

बन मुसाफिर एक अंजान सा
भटके है ये दर-बदर
:

आँखों से उसकी
दिल ने सपने चुराये
:

ख़ुद की ही धुन में जो
सब भूले-भुलाये
:

फिर भी ये उसकी
बातों पर हारा जाए
:

बन गया वो अज़ीज़
है हैरत हाय !
:

शोर है अब दिल में इस क़दर
भटके है ये दर-बदर
:

जो मिला हर गैर महफ़िल में
उसके आने से कैसे ठहर गया
:

जो ना समझा बातें लफ्जों की
वो खामोशी भी उसकी पढ़ गया
:

जिसको पाया भी ना अब-तक दिल ने
सीख लिया उसे खोने का डर
:

चाहे बनके रहलूँ उसका
हर घड़ी-हर पहर
:

भटके है ये हर दर-बदर
भटके है ये हर दर-बदर
:

ख्वाबों में उसे फिर से बुला लूं
एक बार ज़रा सीने से लगा लूं
:

कर आरज़ू पूरी मेरी बेकाबू सी
फिर चाहे हो जाए वो रुखसत दुबारा
:

यूं ना-मिलने की सजा ना दे
देदे मेरी आहों को राहत थोडी
:

ख्वाब बन कर सही
मेरी बंद नज़रों में आके भटक

:

जैसे हम भटकते हैं
तेरी चाहत में दर-बदर

:

शोर है अब दिल में इस क़दर
भटके है ये दर-बदर|

18. मासूमियत

शहर की इस शाम में
आज महक तेरी है
दोस्ती वो बचपन वाली
इंतज़ार में खड़ी है
:

क्या है चेहरे पे तेरे
आज भी वो मासूमियत
क्या आज भी सलामत
शरारतें तेरी हैं ?
:

देखने को बेचैन हूँ खड़ा
खैरियत में तेरी
क्या बचपन वाली लड़की
अब बड़ी हो चुकी है ?
:

वो मिट्टी के बने खिलोने तेरे
वो नन्ही सी गुड़िया तेरी
घर-घर खेलने के ख्वाब तेरे
क्या रखती है आँखों में तू
अब भी यूं ही
:

लड़ के जीते तूने जो
बैडमिंटन मैच सारे
क्या आज भी वैसे ही खेलती है

क्या बचपन आज भी दिल में
कहीं छुपा कर रखती है ?
:
मैं तो ना जीत पाया कभी
तेरे आगे खेल कोई
मुझे वैसे भी कौन सा
कभी खेल की थी पड़ी
:

तब भी हार जाता था जानबूझ कर
आज भी हारता हूं वहीं
बस तब तेरे लिए हारता था
और आज तेरे बगैर हार जाता हूं
:

हस-हस के रो-रो के
हमने दोस्ती निभायी थी
तूने मुझे अपने सपनों की
दुनिया दिखयी थी
:

क्या सारी कहानियों में
कोई किस्सा मेरा भी याद है
वो बचपन वाला लड़का
क्या तुझे आज भी याद है ?
:

तेरी हर चोट पे
दर्द मुझे भी होता था
छिप जाती थी जो तू
तुझे खोने का डर लगता था
:
करना पूरे वो तेरे

होमवर्क आधे-अधूरे
तेरी हरकतें तो मैं वैसे
आज भी कॉपी कर सकता हूं
:

तू ना भूली हो अगर
मुझे बुद्धू कहना तो
क्या मैं आज भी तुझे
उसी तरह पागल कह सकता हूँ ?
:

जाने कितने नये दोस्त
बनाएं होंगे तूने अब-तक
पर मुझे तो आज भी
अपनी दोस्ती टॉप पर लगती है
:

तुझे जो बोले कोई बुरा
तो मैं लड़ जाऊं तेरे लिए
जैसे तू लड़ जाया करती थी
बचपन में मेरे लिए
:

वो गुस्सेल पागल सी लड़की
आज समझदारी की बातें तो नहीं करती
लड़ना-झगड़ना छोड़ा तो नहीं
क्या सीधी बातों का आज भी
टेढ़ा जवाब है देती
:

जाने याद भी हैं उसे
वो किस्से पुराने
जाने क्या याद हूँ मैं और
ये दोस्ती उतनी ही ?

:

इतने सालों बाद आज
जाने दिखती कैसी होगी
जाने वो पहचानेगी भी मुझे
या फिर भूल चुकी होगी

:

जाने यूं ही हस के देखेगी
नहीं! शायद गले लगा लेगी
क्या कहूँगा उससे मैं अब
क्या वो मुझे नाम से पुकारेगी ?

:

दोस्त है वो मेरी पहली
हक से दोस्त कहूँगा
उसका नहीं पता मुझे पर
मैं उससे बचपन में ही मिलूंगा!

19. कौड़ी

घूमते थे वो नाज़ से
नवाबों की गलियों में
होके इश्क से फ़रार
मोहब्बत उन्हें लगती थी
चीज़ बड़ी बेकार
:
ना कोई दाम दिखता था
ना ही कोई मुनाफ़ा
सोच में थे पड़े परेशान
के क्या देखता है
इश्क में ये ज़माना
:
पर आज तो कहानी
मोड़ नया लेने वाली थी
आज जज़्बातों ने भी अपनी
कुव्वत दिखाने की ठानी थी
:
एक चेहरे का नूर
बीच बाजार कुछ
यूं रोशन था
दिल का शोर बढ़ाकर
चैनो-सुकून संग ले चला था
:
आज उनपे भी यकीन होने लगा था

जो ख्याल काफिर की सोच से परे थे
इश्क उन्हें भी छू कर गुज़रा
जो करार पर शक किया करते थे
:

अब अपने ही शहर में
बन एक अंजान मुसाफ़िर वो
किसी दूसरे अंजान चेहरे की
तलाश में हर रोज़
कूच किया करते थे
:

एक दिन उस खुदा का
फरमान भी आया
सामने उनकी नजरों के
वो पसंदीदा इंसान भी आया
:

देख उनकी नज़रें
वो निगाहें बदल गयीं
इश्क के फकीर को
दौलत अरमानों की मिल गई
:

इंतेज़ाम सारे आज
वो पुख़्ता कर गयी
आम सी बात भी आज
पैगाम खुदा का बन गई
:

हुजूर मुफीद के थे जो पक्के
आज सरे-राह ठग गए
आज इश्क पर उनके ख्याल
कौड़ियों के भाव बिक गए!

20. मद्धम

मद्धम-मद्धम चल दे
चल दे, रे साथी!
साथ चल दे जरा
अकेले कटता नहीं
है ये सफर
जाऊं कहीं भी
भटकता हर डगर
:
थोड़ी देर तो थाम हाथ मेरा
चल दे संग, बस संग चलदे ना
क्यों छोड़े है
यूं मुझे तू तन्हा
'वो रहा तेरा साथी'
कह के रब गया था ना
:
फिर क्यों मेरा ही साथ
मुझसे होता है जुदा
जो तू थामेगा नहीं
थामेगा कौन यहां ?
साज़ नहीं है, राग नहीं है
तुझ बिन जीने में
कोई बात नहीं है
:
स्वाद नहीं, कोई रस नहीं

तुझ बिन खुद पर
भी कोई बस नहीं
तू नहीं जो
मैं टूटे कांच सा दिखूं
खुद को देख आकर मुझमें
संवार ये हाल मेरा
:

नज़रों को दे इजाज़त
दीदार की थोड़ी
तो खुद को भी तुझमें
निहारूं मैं ज़रा
ना कर यूं जुदा
के सांस आती नहीं है
ना दे यूं सजा के
आंखें रो पाती नहीं हैं
:

मैं उम्मीद में हूं तेरी
मानो तू ही रब हो मेरा
रब से भी हूं रूठा
जबसे तुझपे हक है मिटा
ऐलान दिल के सुनले जरा
बिन तेरे ये धड़कन
कैसे धड़के ये बता
:

हो ना यकीन
तो आके सुनले
रुकने लगी है के
अब जो तू पास नहीं है
जो थोड़ी सी भी रही कभी

मोहब्बत यादों में मेरी
कबूल कर ले फिर मुझे
मुझे फिर से चुनले ज़रा
:
मद्धम-मद्धम चल दे
चल दे, रे साथी!
साथ चल दे जरा|

सैयोनी

21. कैद

कैद में तेरी

मैं आज़ाद होना चाहूँ

तुझमें खोकर कहीं

फ़रार होना चाहूँ

तू दुनिया से अलग

एक दुनिया बनजा मेरी

तेरे इश्क़ में डूब

अब पार होना चाहूँ

:

तू मंजिल बन मेरी

मैं हासिल करलू तुझे

तू पूरी होजा अगर

मैं दुआ में पढ़ लूं तुझे

बांध तुझे डोर के एक छोर से

दूसरे छोर से खुद बंधता जाऊं

कर ले काबू मुझपर डर है भटक ना जाऊं

कैद में तेरी, मैं आज़ाद होना चाहूँ

:

पानी सा बहता हूं

मैं हर पहर तेरी ओर

तू मेरी लहरों का

साहिल बनजा जरा

तेरे रोकने से ही तो

रुकना चाहे है ये मन

इस कम्बखत का वरना
ठिकाना भी कहां लगा
:
तू आँखों में सुरमे सा भर मुझे
मैं इनमें रचना चाहूँ
बना इत्र तेरे तन पे बिखरा
मैं जिस्म पे तेरे ही महकना चाहूँ
कैद में तेरी
मैं आज़ाद होना चाहूँ
:
ना कुछ कहती है
ना ही ताकती है मेरी ओर
फिर किस रास्ते ये सुरूर तेरा
मुझ तक आता है ना समझूँ
कहती है दुनिया, तू छल है एक
मैं दुनिया-दारी भूल
तेरे छल में पड़ना चाहूं
:
तू कर रही है घर
मोह की तरह
डर है ना मैं लोभी बनता जाऊं
तेरी कैद का दरिया
है बड़ा मदहोश
फिर भी जाने क्यों ना
होश में रहना चाहूँ
कैद में तेरी, मैं आज़ाद होना चाहूँ
:
तू अगर है धोखा नजरों का
मैं बेवक़िफ़ होता जाऊं

जाल है अगर तू एक पिया
मैं चल कर करीब आऊं
संग तेरे होना ख्वाब जैसा मेरा
इस ख्वाब में ना
समझ बीच बसाऊं
:
तू शामिल कर ले हर रज़ा में अपनी
कामिल हो तेरा सलाम बनना चाहूँ
तू जीत ले मुझे इस
सही-गलत की भीड से
इस जीत का तेरी मैं
इनाम बनना चाहूँ
कैद में तेरी
मैं आज़ाद होना चाहूँ!

22. प्यार-व्यापार

करना नी प्यार
कहते दिल दा व्यापार
कहां ढूंढना है फिर सुकून
होंगे होश जो फरार
:

ना जा उस रस्ते
सजन दे रौब जहां बस्ते
ख़तम न होंगे जिधर
उसके इश्क़ दे चर्चे
:

उसके इश्क दी गली
जो तू होके आएगी
तेरे नाम दे पर्चे
हर गली में बटते पायेगी
:

ना भूल पायेगी सारी वो बातें
संग उसके बैठ जो कर आएगी
जगा करेगी चांद-तारों संग
फ़िर ना लौट नींद इन आंखों में आएगी
:

बड़े महके होंगे वो रस्ते
पराई गलियों में जो जाते
महक सीने में बसा उनकी
ना अपना दिल उधर छोड़ आइये

:

देख ना टूट जाए कहीं
तेरे ख्वाब सारे
उन गलियों से बचा के
दिल अपना वापस घर लाइये

:

वो ना रूठेंगे
ना वो मनाएंगे
उन गलियों के मुसाफ़िर
ना कोई रिश्ता निभाएंगे

:

खेल-खेल में बनाएंगे
इश्क की तस्वीर
जिन तस्वीरों पे फिर तेरे नैन
आसुओं की बौछार सजायेंगे

:

ना झूठे इश्क के
फेर में आइये
दिल को अपने ये
एक बात समझाइये

:

के वो जो हंसते हैं
तेरे इश्क के आंसुओं पर
उन्हें ना कभी अपनी
आँखों का सुरमा बनाइये

:

इस दिल के व्यापार की
बाज़ारें हज़ार हैं
इन बाज़ारों में

ना सजिए-सजाइये
:

लुट जाना है सब कुछ
खोकर इनमें
अपने नाम की कालिख
ना खुद गुदवाइये
:

दिल दे व्यापार
के फिराक में ना आइये
दिल दे बाज़ारों
से बच के गुज़र आईये।

23. सरदारनी

सुरमा जो भर लेती है
लाल चुन्नी से जो सज लेती है
परांदे और जूती के रंग-मेल का
वो पूरा हिसाब रखती है
:
चलती है तो फिर पैरों की
झांझर भी झनकती है
वो सरदारनी मुझे मेरा
घर लगती है
:
मिली कल जो वो गुरुद्वारे में
हाथ जोड़े ते सर झुकाए
आँखें बंद कर जाने
रब से क्या-क्या बुद-बुदाये
:
जाने उसकी इस अदा से
वो क्या कर गई
कल वो सरदारनी मेरा
मन भर गई
:
लंगर में सखियों संग परसाद चखते वो मिलि
खास हो गई जी फिर तो
बात ही कल की
उसके हाथों की खीर जो चखने मुझे मिली

सुनहरी
:

उसके करीब होने की मानो
एक और वजह मिल गई
पर देखा जो उसे जाते
अन्दर-अन्दर जाने दिल मेरा तोड़ गयी
कल वो सरदारनी मेरी आंखें भर गई
:

हुआ क्या इस कमबख्त अकल को
उसकी याद से ही अब-तक निकली नहीं
आज से पहले भी तो देखे हैं
चेहरे कई हसीन! जाने फ़िर क्यों लगे
चेहरा वो दिखा बस मेरे लिए ही
:

मैंने तो रब से अरदास यही है करनी
जो देना है तो दे उसे, वरना ना दे और कोई
उसमें ही देख लिया मैंने हमसफ़र मेरा
दिल में अब ना तस्वीर है होनी, किसी और की
:

रब के दर जो मिली साहिबा
मेरे लिए अब वो ही, रब का मेल है होनी
माँ से करनी है ये आज, फरमाइश मेरे दिल की
ना करुं अब और देर उसके साथ होने की
:

ना देना मौका किसी और संग
बात बनने का
कल वो मुझे आँखों से
अपनी रजा भी दे गई
:

जो पूरी हो ये ख्वाहिश मेरी तो

मैं भी सुनाऊँ सबको अपनी प्रेम कहानी
जहां न कोई राजा
जहां न कोई रानी
:

बस एक मैं मुंडा और एक मेरी जनानी
रूह से रूह तक जिनके इश्क की निशानी
जहां एक सादे से मुंडे को सादगी लुट ले गई
वो हसदी-हसदी कैसे जिंद में शमिल मेरे हो गई
:

एहसास है जैसे के तलाश कोई ख़तम हुई
मिल गई वो ऐसे, जैसे जन्मों में ना मिली कभी
जाने कैसे समझे वो भी
जो ना बोलू लफ्ज़ो में कभी
:

सच बात है जी, के रब के मेल में
बात ही और होती
आँख बंद करके जो देखता हूँ खुद को
वो मुझे मेरी, पूरी कहानी लगती है
रब का करूँ शुक्राना सदा के
वो मेरी रूह में बस्ती है
एक सरदारनी मुझे मेरा घर लगती है।

24. ज़रा

नाज़ हूँ मैं तेरा
तू मेरी आवाज बनजा जरा
लिखता हूं मैं तुझे
तू राज़ बनजा ज़रा
:

रातों में छिपे सवेरे
और सवेरों सी आंखें तेरी
देख मुझे इन से
हमराज़ बनजा ज़रा
:

ना ढल हर शाम
तू मेरी नजरों के सामने
मुझ पर पड़ कभी
धूप की तरह
:

ना बादल की तरह
यूं सबपे छाया कर
मिल मुझसे भी कभी
बारिश की तरह
:

कस्तूरी सी महक रही है
तू यहीं कहीं
तेरे रुबरू ना सही
तुझे महसूस कर रहा

:

है तेरे पास इस कदर
साया अब मेरा
के कही हर बात तेरी
मेरी ज़ुबान को लग रही

:

दूर होकर भी दूर नहीं मैं तुझसे
ये तेरे दायरों के परदे तो हटा
देख मुझे अपनी बंदिशों से परे
मैं तेरी बाज़ुओं में हर पल ही रहा

:

कहानी नहीं है ये तेरी-मेरी
ये सच है दो दिलों के एहसास का
कौन बयान करे अब तेरा-मेरा किस्सा
कहता है जग झूठा तो कहने दे ना

:

तू करे इंकार मेरे होने से
मुझे बस इस बात का मलाल है
मैं इश्क करुं जिसे इतना
क्यों उसे मेरे ही इश्क पे सवाल है

:

मैं तो तेरा ही था कबसे
तू भी मेरी बन जा ज़रा
ना ढूंढ अब गैरों में अपना कोई
मैं तेरा अपना तुझे ग़ैर क्यों लगा

:

इबादत है तू मेरी
मैं आइना हूं तेरा
तू देख तो मुझे

तुझसे अलग ना ज़रा
:

अगर करे तू आरज़ू
तो पाने को मैं चलू
जो मेरी है ख्वाहिश
तू भी पूरी कर दे जरा
:

हादसे से मिले नहीं
था ये मेल किस्मत का
लकीरों में लिखा था
संजोग तेरा-मेरा
:

तू पढ़ अपनी किस्मत को
निहार अपने हाथों को जरा
फिर फैसला कर तू है या नहीं
वो जो मेरे लिए बना
:

तू बन किनारा मेरा
मैं समुंदर हूं तेरा
थोड़ा-थोड़ा सिमटूं तुझमें
तू रोके जो जरा
:

नाज़ हूँ मैं तेरा
तू मेरी आवाज बनजा जरा
लिखता हूं मैं तुझे
तू राज़ बनजा ज़रा|

25. ना शौक-ना ख्वाहिश

ना शौक तू मेरा
ना ख्वाहिश है मेरी
बन जाए जो पहचान
वो नुमाइश तू मेरी
:

मेरे नाम से जुड़े
जो पहलू हैं तेरे
देख आधे टूटे
आधे जुड़े कहीं-कहीं
:

ना अलग-अलग हैं
ना साथ हम कहीं
हम जैसों का तो कोई
दर-ओ-दीवार भी नहीं
:

जहां मिले टूटे तारे
एक से लगने लगे
तेरी पहचान मेरी पहचान
से परे कब रही
:

तू मेरा वो सच है
जो झूठ बनकर उभरा है
वो कहि-सुनि जो
कभी सुनी ना गई

:

रब से पूछते हैं यहाँ सारे
जो है तो फ़िर दिखता क्यों नहीं
पर तू भी तो है वही जो
नज़र कभी आया नहीं

:

साबित न करु मैं अब
और तेरे होने की सच्चाई
अब तो तू है वही
जो है ही नहीं कहीं

:

ना बंदिश तू मेरी
ना बिन तेरे आज़ाद मैं कहीं
कैदी भी हूं तेरा और
पहरेदार भी मैं ही

:

हर गुनाह में शामिल
वो गुनहगार भी
पर जो रहमत के काबिल बनायें
वो अक़ीदा भी मैं ही

:

रख ना तू यूं बैर मुझसे
हिस्सा हूं तेरा कोई गैर तो नहीं
ना रखू मन में मैल
मैं तो चाहूं बस खैर तेरी

:

पढ़ सके जो पढ़ मुझे
इल्म मैं रूह का
महज़ कोरे कागज़ से भरी

कोई किताब मैं नहीं
:
दुआ एक ऐसी जिसके
पूरे होने की उम्मीद ना हो
उस दुआ की थोड़ी सी
फरमाइश है तू
:
थोड़ा-थोड़ा जिया जाए
ऐसा कोई ख्वाब है
हकीकत से बने
आइने की परछाई भी तू
:
जो टूटे तू तो
मैं भी संग टूट जाऊं
आमने-सामने हम सदा
फिर साथ क्यों नहीं
:
ना शौक तू मेरा
ना ख्वाहिश है मेरी
बन जाए जो पहचान
वो नुमाइश तू मेरी।

आसमानी

26. मैं तेरा

तेरा होके जीने में एक बात है हसीन

तेरा होने से मुझमें एक रोशनी जगी

तेरे आने से आया है जो रुतबा दिल में

ये रुतबेदारी तो ना पहले थी कभी

:

तुझमें खोकर घर बनाया

तुझमें खोकर खुद को पाया

लाई जो तू, संग जीने के अंदाज़

ये अंदाज़ तो ना थे, पहले इतने हसीन

:

पहली मुलाकात का हाल कुछ ऐसा था

जैसे, बरसों बाद आसमान ने चाँद देखा था

देखा भी कहां था तुझे जी भर के कभी

आँखों में जाने फिर क्यों आसुओं का परदा था

:

पहली नज़र का प्यार क्या मैंने तुझसे जाना

जाना क्या होता है, कोई अपना मिल जाना

लगता नहीं जहान में अब तन्हा सा मुझे

हर पल लगे, मेरे लिए तू है तो अब यहां

:

कैसे तेरी बातें मुझ तक पहुँचे हैं बिन कहे

दुनिया कहेगी रोग जो बतायें कैसे ये धागे बुनें

कोई बुलाए पीर तो कोई जांच कराए

हर रूह को कहाँ लगे हवा इश्क की जैसी मुझे लगे

:

हवा इश्क की तेरी मुझे छू कर जो गुजरे
बांध जाए नाता अँधेखा सा कैसा
फिर भी मेरी दुनिया के लिए गैर तू
पर मैं जानू ये या तो जाने रब मेरा
तुझसा अपना अब और कहाँ
सच मेरा एक बस तू ही तू

:

मेरी रूह से निभा ले ये इश्का,
देख मैं हूं क्या
शायद तेरा ही एक हिस्सा
फकत नहीं ये इत्तेफाक
दुआ है ये तो बीती उम्रों की

:

ना मिले इस उमर में जो
बीत जाएगी रहमत की घड़ी
तेरी ही अघोष में तो समाई हैं
जाने कितनी ही रातें मेरी
बीत जाने दे अब, सारी उम्र भी इनमें ही

:

दूर ना कर, तेरा बनके रहने दे
सांस अटके है मेरी
ये कहने में तुझे
डर है खो ना दूं
फिरसे मैं तुझे

:

नाम तेरा मैं हर पल लेता रहूंगा
ना भूल जाना तू मुझे
कुछ पल की दूरी में

ना खोना तू किसी
गैर की नजरों में
:
याद रखना ये जो, है तेरे-मेरे दरमियाँ
के खोकर तुझे फिर ना
मैं खुद को ढूंढ पाउंगा
झूठ नहीं कहता, मैं जब कहता हूं
बिन तेरा हुए मैं जी ना पाऊंगा
:
मैं तो चाहूं हर दफा
सिर्फ तुझ से ही जुड़ना
मेरी सारी कायनात तू
मैं तुझमें बसा परिंदा
:
तू ना कर यूं फरार मुझे
इस अंजान से जहां में
मैं तो चाहूं हर दफा
बस तेरे ही बंधन में बंधना
:
तू कहती है जो भी
मैं पूरा गौर फरमांऊ
तू सपने बुनती जाए
मैं तुझ संग दुनिया बुनता जाऊं
:
तक़दीर है यूं मिलना अपना
इसमें न दूरियों की ख़लिश लांऊ
रब से मांगू जो दुआ तो
दुआ हो बस यही हर दफा
तू मेरी होती जाए

मैं तेरा होता जाऊं।

27. सुनहरी

कुछ तो बात अलग है उसमें
ये बात अदाओं की नहीं
अदाओं से भी आगे जाते
उसके जादू की है
जादू बसता है उसकी
हर सोहबत ही में
:

देखा जो उसने कल रुक कर
वो नज़ारा आज देखने लायक हो गया
कल ही तो उसने कहा था काश
और आज वो ख्वाब
पूरा हो गया
:

आम सी रहती है वो
जो बेहद खास है
ख़ूबियाँ अपनी शायद उसे भी पता नहीं
चूम के जो मिटा दे, हर दर्द दुनिया का
इतने प्यार से भरी कोई आम तो नहीं
:

ख़्वाहिशें नहीं हैं उसकी ज़्यादा
आज समझा हूं मैं, क्यों
जो बना हो बस देने के लिए
उसे कुछ चाहिए भी क्यों हो
:

कभी ढलते सूरज से बातें करती है
तो कभी पूरे चाँद को निहारती है
ऐसे देखती है वो एक-टक आसमान
मानो उसकी बात सुन रहा हो
वो परवरदिगार भी
:

जान से कम नहीं लगती है
जब बात जीने की करती है
चाहती कुछ नहीं औरों से
ख़ुशियाँ बांटती फिरती है
:

मेरी एक हसीन से
मुलाकात यूं होगी मुझे कहाँ पता था
यकीन दिलाने आई है मानो
उस पार बसने वाली
उसकी एक और दुनिया का
:

मुझे छू कर वो नूर भर गयी
जैसे के दीप में बाती जलाई हो
डरता रहा देखने से
उन दो नज़रों के नज़राने
किन्ही अंधेर सी आँखों में मानो
पहली दफा रोशनी आई हो
:

सारे सितारे समाए बैठी वो ज़ुल्फों में अपनी
हवाओं से खुल के जो
आज़ाद होती रहती थी
नाकाम सी कोशिश उन्हें बांधने की मानो
सितारों की कोशिश उसे

छूने की रहती थी
:
मैं बदनसीबी का मारा
इस कदर अमीर हो गया
मेरी तरफ बढ़ते
हर कदम ने उसके
जाने कितनी जंजीरों को तोड़ा
:
दुनिया में खोके खुदको
मैं उसे ढूंढता रहता हूं
जब भी थकता हूं खुद से ही
उसकी ओर मुड़ता हूं
:
वो रहती है हर बार वहां
जहां मैं तलाशता हूं
मेरी ही किसी तम्मना का
नतीज़ा है वो शायद
मैं तो उसे बस सुनहरी
कह देता हूं
:
रूप में सादगी
ख़ूबसूरती की बानगी
सिर्फ खूबिया हैं उसमें
या है शायद बस
मेरी ही दीवानगी
:
ना चाहूँ जादू उसका
मुझपर से कभी उतरे
चाहे तो ले जाए मुझे भी

अपने संग ही

:

क्या है अब कहीं भी
उसके बिना कुछ भी
खाली लगते हैं रास्ते
जहां वो संग नहीं

:

यार दोस्तो संग अब
बातें भी क्या करूं
समझा सकूं जो अब ऐसी
कोई बात नहीं रही

:

मैं तो लगा हूं खुद को देखने
अब उसकी नजरों से
अपनी नज़रों से देख
खुद को फिर से आम क्यों करूँ।

28. बोल ओ माही

पहन चूड़ियां कांच की
हाथों में साथिया
हाथ तेरा मुझे
थाम लेना है
:
तू भी बोल ओ माही ज़रा
कैसा लगना है साथ तेरा-मेरा
जिस दिन तूने व्याह के
मुझे तेरे संग ले जाना है
:
कैसा होयेगा वो दिन
कैसी वो शाम होएगी
तेरी-मेरी तकदीरें
जिस दिन साथ होयेंगी
:
मैं तो शायद बस तेरी
आँखों में ही खोके रह जाऊँ
तू भी तो बोल ओ माही ज़रा
कैसी हर वो बात होएगी
:
चुन लिया दिल ने मेरे
तुझे इस दुनिया से
संग दुनिया मेरी
सजाने के वास्ते

:

तू भी तो बोल
ओ माही ज़रा
साथ कैसी अपनी
दुनिया होयेगी

:

कैसे जुड़ गए संजोग
के आज साथ है तू मेरे
देख तुझे यूं सामने
पलके मेरी ना भीग जाये

:

फ़िर भी नज़र भर के देखूँ मैं तुझे
हर नज़र से भी बचाती जाऊं
तू भी तो बोल, ओ माही ज़रा
ख्वाहिश तेरी जो बाकी है

:

तेरे लिए करने सारे ही श्रृंगार
तू भी तो बोल, ओ माही ज़रा
कैस तू जचना है
जिस दिन बनके आऊँ
मैं तेरी मुटियार

:

लाल जोड़े में मैं तेरा
नज़र टीका बन जाऊँगी
सर से पैर तक मैं बस
तेरी ही तेरी लगना चाहूंगी

:

तू भी तो बोल, ओ माही ज़रा
ख्याल तेरा क्या कहता है

व्याह रचे जो ख्वाबों में अब-तक
हकीकत का इरादा कैसा है
:
तू भी तो बोल,
ओ माही ज़रा
रब की लिखी इस कहानी में
तेरा-मेरा मेल कैसा है
:
तू भी तो बोल,
ओ माही ज़रा
तेरा दिल अपने इश्क से
क्या-क्या कहता है|

29. व्याह

कहते मुझसे सारे
के तैय्यार होजा री कुड़िये
आने वाला है माही तेरा
तुझे व्याहने दे वास्ते
:

मेरे व्याह दे सपने
सजाती मेरी माँ
भाभी दे कोल
मेरे लिए सवाल कई
:

वीर मेरा चाहे
कोई मिले सयाना
पर पापा दी लाडो
को भाये ना कोई
:

दुलार मेरे पीहर
वरगा किसने देना
नाज़ भी उठाए और
नाराज़ भी ना होए
:

किसकी आँखों में देखूँ
तो सुकून रब वरगा
जैसा मेरे पापा की
आँखों में होये

:

ताने सुन्ने ना आते
शेर मुझे मेरे वीर बुलाते
कहां जा के सीखा मैं जी-जी करना
हुकुम चलाने वाले रास ना आते

:

न मैं सजाऊं परांदे
ना चूड़ी डालू हाथों में
झांझर मेरे पैरो की भी
ना जाने मेरे रास्ते अंजाने

:

फ़िर नज़रों में क्यों
कोई सज रहा है
तसवीर वाला मुंडा
मुझे जच रहा है

:

कैसा लहंगा है जचना
मुझे कैसे है सजना
सोचा कहाँ था किसी की
सोहबत का रंग नया चढ़ना

:

पर मैं तो ना कभी
मां के जमाई को मनाना
उसकी शर्टों के रंग से
ना मैं सूट मिलाना

:

मेरी इन बातों पे हस रही हैं
मेरा बुरा हाल सब, दस रही हैं
सहेलियों की हँसी

सुनहरी

मुझे आज खल रही है
:
छेड़-छेड़ मुझे ये
बस तंग कर रही हैं
मेरे दिल के हाल
और तंग कर रही हैं
:
व्याह की तैय्यारी
जो होने लगी
मेरी पक्की नींदें भी
कच्ची होने लगीं
:
कौन सी ये उम्र
लग गई है दिल की
के डोर जो थी सिर्फ मेरी
किसी और संग पिरोने लगी
:
क्या उसका भी
हाल है यहीं
क्या सोचे हाथ उसका
आये मेरे हाथ ही
:
निभा दोनों रस्में चार
साथ ले इश्क की उम्र गुजार
क्या सोचे वो भी यहीं के
बन के रहूं मैं उसका प्यार
:
कहती है मेरी माँ मुझसे
उनकी लाडली किसी की होने लगी

रखती थी जो सवाल कई
रूप में किसी के खोने लगी
:
सच्चे वादों के इरादे से
घर अपना सजाने लगी
इस दिल में प्यार की
दस्तक अब होने लगी
:
कल तक थी जो
बस लाडली सबकी
अब व्याह के सपने
सजाने लगी
:
माँ तेरी कुड़ी
तैय्यार होने लगी
के डोर जो थी सिर्फ मेरी
किसी और संग पिरोने लगी।

30. तेरे वास्ते

नचना है मैं माही वे
बन फकीरी दी गुलाम
हसना मैं माही वे
बन अँखाँ दा सलाम
:
हां हो जाऊं मैं सब तेरी
बस तेरी ही बनके रहना
रहना है माही वे
बनके रब्बा दा पैगाम
तेरे वास्ते, एक तेरे वास्ते
:
ना सजदे करुं जान मेरी
ना मत्था मैं टेकना
रहना तेरे कदमों में
तेरे कदमों को ही देखना
:
ना तेरा चेहरा तकना मैं माही
वरना ये लाज़ बड़ा खायेगी
घूंघट में रह लेगी
इस जिस्म की परछाई भी
:
ना बन्ना मैं गवाह
कभी इस दुनिया दे वास्ते
बस तेरी होके रहना

गरिमा

बन रब्बा दा नजराना
तेरे वास्ते एक तेरे वास्ते
:
ना खेल करेंगे दिल दे कोई
ना इश्क को परदा लाएंगे
ना जग को जाहिर हो
ऐसा हक जताएंगे
:
ना हो कोई तकरार
देख दूसरो के संसार
अपना घर तो हम माही
हर पल सजायेंगे
:
रह सबके संग जियांगे
सिर्फ तेरे वास्ते
बनके सोहबत
मैं माही रब्बा दी
तेरे वास्ते एक तेरे वास्ते
:
ढोल की ताल पर नचांगे
खिल-खिल खूब हंसांगे
बाँट मोहब्बत औरो संग
बिन अपनी पीर जताए
:
रोना भी तो बस
एक-दूसरे की बाहों में
लोगों के बीच ना जानी
ये तेरी-मेरी कहानी
:

दुनिया से कहना क्यूँ
कौन सजन मेरा और मैं
किसकी रानी
रहूंगी फिर वी मान से
बन तकदीर रब्बा दी
तेरे वास्ते
:
मैं रहना है माही
बन रब्बा का फरमान
तेरे वास्ते एक तेरे वास्ते।

बदरा

31. तेरे ते

तेरे ते यकीन ना होये
तेरा होके भी दिल ना तेरा होये
खोयी सांसें मेरी
कैसी चाहत में तेरी
देख आँखों में मेरी
हन्जुओं ने परदे पिरोये
तेरी दगा के मारे ये जख्म
इनका इन्साफ कैसा होय
:
तेरे ते यकीन ना होये
तेरा होके भी दिल ना तेरा होये
:
लौटूँ कैसे घर को अपने
मेरा जो कुछ रहा नहीं
था जो कुछ भी हमारा
छोड़ आया तू गैर घर ही
लेजा तू यादें तेरी
संग वो किताबें भी लेजा
पन्ने मोड-मोड जिनके
पैगाम भेजे थे कभी
:
तेरे ते यकीन ना होये
तेरा होके भी दिल ना तेरा होये
:

कीमत दे मेरे वक़्त की
जो वारा गया एक तुझपे
मेरी वो जवानी जो
तेरे साथ मिट्टी होई
इश्क़ की डोर जो थी ख़रीदी
हुई नीलाम तेरे धोखे से
अब ना सजाऊं मैं तेरी यादें
ना फर्क अब तेरे होने से
:
तेरे ते यकीन ना होये
तेरा होके भी दिल ना तेरा होये
:
बता तो जरा
किस कमी में तू भटका
कौन सा वो दिन था
जिस दिन मेरा प्यार कम लगा
कैसे थामा था हाथ तेरा के
हाथ तेरा उसके पास ही रह गया
टूट गया सपना तेरे-मेरे साथ का
लेजा इसे भी के उसकी बाहों में ही सजा
:
तेरे ते यकीन ना होये
तेरा होके भी दिल ना तेरा होये
:
ना होए ऐतबार तेरा
मैं कितना भी दिल को समझाऊँ
ना होये माफ़ तेरी खता
कैसे अपने रूठे हुए मन को मनाऊं
अब ना होये यकीन तेरे ते

ना मेरा दिल अब तेरा होये
क्या करिये अब इन यादों का
क्या अब इनकी भी बिसाद होय
:
तेरे ते यकीन ना होये
तेरा होके भी दिल ना तेरा होये
:
तस्वीरों से उठे पीड गहरी कोई
मानो कैद कांच में कोई दर्द होय
ना कर गुजारिशें ना मांग माफियां
ना तेरे संग अब मेरी रूह सोहे
चाहे बीते दुख में या बीते ज़िंद तन्हा
पर ना रहना चाहूँ अब और संग तेरे
तेरी सांसें भी जो अब मेरा दिल हैं खरोचें
:
तेरे ते यकीन ना होये
तेरा होके भी दिल ना तेरा होये|

32. भरे नैना

भरे-भरे से ये नैना
आज कल जब-तब छलक रहे हैं
जाने यूंही बेवजह ये बह रहे
या मुझसे किसी
आस में रहते हैं
:

नज़र-अंदाज़ कर रहे हैं
हम गम अपने सारे
फिर भी लबों से तो लगतार
हम हस रहे हैं
:

पढ़ लेते हैं शायद
ये आंसू मन मेरा
यूं ही वरना बिना एहसास
कहाँ बन पीर ये बह चलते हैं
:

मन को समझा भी लूं
तो जज़्बातों का क्या करूं
दिल पे ज़ोर चलाऊं तो
ये मुझसे ही उलझते हैं
:

जैसे हो रहा कुछ तो
खिलाफ इस दिल के
तभी मेरी खामोशी की खिलाफत

करने ये खुद निकल पड़ते हैं
:

हवाओं का तेज़ शोर
धड़कनो में सफर कर रहा है
सावन का सारा ज़ोर
इन आँखों से झर रहा है
:

भीगे हुए बदन में तपिश
जाने ये कैसी है
बाहर के हाल कैसे भी
अंदर दर्द पल रहा है
:

सारी बंदिशों को
राख बना उड़ा दें
ऐसी एक आरज़ू
छुपा के बैठे हैं
:

बह रहे हैं आंखों से ये आंसू
या मेरे अरमान बह रहे हैं
भरे-भरे से ये नैना आज-कल
जब-तब छलक रहे हैं|

33. दिल ना लगाइये

झांकिए न छज्जे
न वहां ज़ुल्फ़ान सुखाइये
बंद रखिए जी सारी बारियां
ना चांदनी मुंडेर दी खुद पे सजाइये
गलियाँ ते तां-तां
मुंडेया दा होवेगा
आज-कल दे मुंडेया नाल
दिल ना लगाइये
:
सच्चे-सुच्चे प्यार
ना होने हैं इनके
इश्क में इनके
ना खुद को रुसवाईये
ये ना समझे हैं, सोहणी
पीर तेरे रूह दी, इन्हें तो बस
जिस्मां दी महक चाहिए
:
साम-साम रखले नी कुड़िये
तू अपनी मोहब्बत दे सपने
दिल तेरा अज़ीज़
किसी खास ते वारिये
इनके हाथों न जचना है, दिल तेरा बीबा
ना इनकी सोहबत में इसे खो आईये
आज-कल दे आशिक़ा नाल

दिल ना लगाइये

:

हो ना जाना तू उदास

जे लगे कल्ले दिन-रात

मिलना एहसास एक खास

किसी खास दे नाल

होगा वो जो वादे निभाये

रूठे हुए तेरे दिल नू मनाये

आरज़ू में उसकी बस, ये रातें बिताईये

कहीं और ख़त ना इज़हार दे छोड़ आईये

:

कुछ पल उस ना-वाक़िफ़

के मोह में रह जाईये

जद्द होवे वक्त इंतजार दा

रुहेदार दा किरदार निभाइये

थोड़ा सा सब्र तू करना बस में सोहनी

सब्र उस पार मिल जाना एक दिन

तुझे तेरा सच्चा हकदार

:

ख़ुद को चेहरों के

धोखे से बचाइये

जाचना हो जो बंदा तो

उसकी रूह तक जाइये

तेरे सच्चे यार दी

होनी ये पहचान

ज़ुबान पे रक्खे

बस एक तेरा नाम

:

हंसते-हंसते जद

कट जाने साल
जिसके पास होने से
खिलने लगे तेरे हाल
रब से दुआ जब
यहीं हो हर बार
मेहबूब की आँखों में
ना आये हंजुआं दी धार
:

तक-तक उसे जद, नूर तेरा बढ़न लगे
जान लेई तुझे तेरे, सच्चे हुज़ूर मिल गए
इश्क जिसका दिल से
रूह तक जरूरी होन लगे
लकीरा ते लिखा नाम जद मंजूर होन लगे
उस पल में तू खुद को सौंप
उमरां दा वादा सजा लेई
सोहने यार दे नाम दी मेहंदी
हथेलियां ते रचा लेई
:

धीरे-धीरे होने इस दिल दे सफर मुक्कमल
इश्क दी सोहबत तब-तक ख्वाब में सजाइये
पर गैरों संग रिश्ते न गैर बनाइये
ग़ैरां दी भीड ते खुद नू बचाइए
अपनी ही खुमारी संग मन बहलाइये
ना चाँद समझ पत्थर नू सीने ते लगाइये
ना स्याही दा आँखों में सुरमा सजाइये
:

गलियाँ ते तां-तां
मुंडेया दा होवेगा
आज-कल दे मुंडेया नाल

दिल ना लगाइये
आज-कल दे आशिक़ा नाल
दिल ना लगाइये।

34. इश्क की फरमाइश

बात आज नज़रों की ना करो
नज़रें तो सब जानती हैं
बात आज दिल की करो हमसे
इसकी अलग ही फरमाइशें हैं
:

कहाँ सुनता है ये मेरी
तेरी लाख कमियाँ भी गिनाऊँ तो
कहाँ सुनता है ये मेरी
तेरी बुराई भी बतलाऊं तो
:

इसकी समझ मेरी समझ
के पार हो रही है
जाने क्यों इसकी तुझसे
यारी हो रही है
:

कहता था मन
तू मनमीत हो नहीं सकता
तेरी हरकतों में कहाँ
मेरा कल था मुझे दिखता
:

फिर भी इसकी सनक
मेरी समझ के बस में नहीं
कहता है जाने दे सारी खुशियाँ
अगर वो गम है तो एक गम और सही

:

जुड़ता था दिल
कभी तुझसे मिल कर
पर इस इश्क ने तो
तेरा कर के तोड़ा है

:

जानता था दिल
तू होगा नहीं मेरा
फिर भी तेरे पीछे जैसे
तू कोई हीरा और ये दिल लुटेरा है

:

सोहबत ही नहीं
अब तेरी मोहब्बत भी माँगता है
बच्चा है ये कोई
हर जिद पूरी चाहता है

:

डांट-डपट के
चुप करा भी दूं
पर मासूम से इश्क पे इसके
फिर खुद मुझे तरस आता है

:

गलती है भी क्या इसकी
तेरी यारी में जो प्यार ढूंढने लगा
खुश होता था कभी सिर्फ तेरी बातों पर
फिर तेरे गम में रोने भी लगा

:

पहेली है कोई
समझेगी तू या समझेगी भी नहीं
देखता था जैसे पहले

अब वैसे तुझे देखता नहीं
:

नज़र ही नहीं मेरी
फ़ितरत भी बदल चुकी है
ख्वाहिश अब बस इस यारी की नहीं
तेरे होने की हो रही है
:

तुझ में ढूँढने निकला हूँ घर
भटकू ना ये इरादा है
कर छोटा सा वादा एक
के इस सफ़र में तू मेरे संग खड़ा है
:

तू दे अगर इजाज़त
तो ये एक बात और सही
इस दोस्ती के सफ़र पे
इश्क की फरमाइश और सही|

35. आखिरी

बहका है दिल आज
बरसो के बाद
फ़िर उसकी याद में
उसकी बातों के साथ
:
खोए-खोए हैं हम यहां
वो भी वहां होश में नहीं
नशे में डूबा है आज दिन
रातें कटेंगी भी या नहीं
:
कोई उसको बुलाये
वो मुझे सीने से लगाए
बैठे यूं के जैसे अब कोई
दूसरा काम नहीं
:
सज जाये पल हमारे
फ़िर एक दूसरे से
किसी और का होना
रह जाये ख्याल आखिरी
:
सूखे पत्तों से बिखरे हैं हम
उनकी बाहों में यूं तो कई दफ़ा
पर आज बिखरे मानो
जैसे कोई रात आखिरी

:

उसको बताना चाहूँ भी तो
अब हालत कहां बयान के काबिल है
मेरी हर आरज़ू में बस
उसका ही नाम शामिल है

:

शुरू करूं या खतम करूं
बढ़ने दूं या मिटने दूं
वाकिफ़ हूँ उस डर से भी
के आदत में उसकी ना फिरसे पड़ू

:

बेहतर है उसकी यादें ही
यादों में रह कर क्यूँ ना आगे बढ़ूँ
एक ख़्वाब बना उसे आँखों में
इस रात को पूरा करूं

:

फ़िर भी उसके बिना कहाँ
अब ये रात कामिल है
उसके बिना कहाँ
अब हम काबिल हैं

:

कैसे मिट जाए अब भला
वो नाम इन लफ्जों से
रट-रट जिसको हर सुबह
हर शाम जा रही

:

क्या पता किस पल में हो
कयामती ये दुनिया
डर है रह ना जाये

मुलाक़ात आख़िरी

:

रहे ना बात अब कोई आखिरी
ना ख्वाहिश कोई अधूरी
चाहूँ इश्क में डूबे दो दिल जैसे
चाहत की ये शुरुआत आखिरी

:

ना रोकू उन्स इस दिल का
ना खोने के खौफ से रुकु
अब जो रहने ही लगे हैं
उसकी यादों में यूं उल्झे सदा
फिर क्यों ना बना के रखूं
उसे मेरी प्रीत आखिरी।